한국전력공사

NCS 직무능력검사

모의고사(ICT 분야)

제 2 회	영 역	의사소통능력, 수리능력, 문제해결능력, 정보능력, 기술능력
	문항수	55문항
	시 간	65분
	비 고	객관식 5지선다형

SEOWONGAK
(주)서원각

1. 다음 중 아래 글을 읽고 글로벌 기업의 성공적 대응 유형에 해당하지 않는 것을 고르면?

전 세계적으로 저성장이 장기화되고 있고, 낮은 가격을 무기로 개발도상국 업체들이 추격해 오고 있다. 이와 같이 가격 경쟁이 치열해 지는 상황에서 글로벌 기업들이 성공적으로 대응하는 유형은 크게 5가지로 구분할 수 있다.

첫 번째로 차별화 전략을 들 수 있다. 디자인, 성능, 브랜드 및 사용 경험 등을 차별화하는 방법이다.

두 번째로 저가로 맞대응하는 유형이다. 전체적인 구조조정을 통한 원가 혁신으로 상대 기업에 비해서 가격 경쟁력을 확보하는 전략이다.

세 번째로 차별화와 원가 혁신의 병행 전략을 선택하는 경우이다. IT 기술의 발달로 제품 및 서비스의 비교가 쉬워지면서 제품 차별화 혹은 원가 혁신과 같은 단일 전략보다는 차별화와 원가 혁신을 동시에 추구하는 전략이 큰 호응을 얻고 있다.

네 번째는 경쟁의 축을 바꿈으로써 시장을 선도하는 경우이다. 이는 시장에 새로운 게임의 룰을 만들어서 경쟁에서 벗어나는 방법이다.

마지막으로 제품만 팔다가 경쟁의 범위를 솔루션 영역으로 확장하면서 경쟁력을 높이는 경우이다.

① A식품은 캡슐 커피라는 신제품을 통해 새로운 커피 시장을 창출할 수 있었다.

② B항공사는 필수 서비스만 남기는 파격적 혁신으로 우수한 영업 실적을 기록했다.

③ C사는 시계를 기능성 제품보다 패션 아이템으로 인식되도록 하는 전략을 구사했다.

④ D사는 최근 IT 기기 판매 대신 기업들의 IT 서비스 및 컨설팅을 주력으로 하고 있다.

⑤ E사는 신제품 홍보에 온라인과 오프라인을 골고루 활용하여 고객의 주목을 받고 있다.

2. 다음 제시된 내용을 토대로 관광회사 직원들이 추론한 내용으로 가장 적합한 것은?

세계여행관광협의회(WTTC)에 따르면 지난해인 2016년 전 세계 국내총생산(GDP) 총합에서 관광산업이 차지한 직접 비중은 2.7%이다. 여기에 고용, 투자 등 간접적 요인까지 더한 전체 비중은 9.1%로, 금액으로 따지면 6조 3,461억 달러에 이른다. 직접 비중만 놓고 비교해도 관광산업의 규모는 자동차 산업의 2배이고 교육이나 통신 산업과 비슷한 수준이다. 아시아를 제외한 전 대륙에서는 화학 제조업보다도 관광산업의 규모가 큰 것으로 나타났다.

서비스 산업의 특성상 고용을 잣대로 삼으면 그 차이는 더욱 더 벌어진다. 지난해 전세계 관광산업 종사자는 9,800만 명으로 자동차 산업의 6배, 화학 제조업의 5배, 광업의 4배, 통신 산업의 2배로 나타났다. 간접 고용까지 따지면 2억 5,500만 명이 관광과 관련된 일을 하고 있어, 전 세계적으로 근로자 12명 가운데 1명이 관광과 연계된 직업을 갖고 있는 셈이다. 이러한 수치는 향후 2~3년간은 계속 유지될 것으로 보인다. 실제 백만 달러를 투입할 경우, 관광산업에서는 50명분의 일자리가 추가로 창출되어 교육 부문에 이어 두 번째로 높은 고용 창출효과가 있는 것으로 조사되었다.

유엔세계관광기구(UNWTO)의 장기 전망에 따르면 관광산업의 성장은 특히 한국이 포함된 동북아시아에서 두드러질 것으로 예상된다. UNWTO는 2010년부터 2030년 사이 이 지역으로 여행하는 관광객이 연평균 9.7% 성장하여 2030년 5억 6,500명이 동북아시아를 찾을 것으로 전망했다. 전 세계 시장에서 차지하는 비율도 현 22%에서 2030년에는 30%로 증가할 것으로 예측했다.

그런데 지난해 한국의 관광산업 비중(간접 분야 포함 전체 비중)은 5.2%로 세계 평균보다 훨씬 낮다. 관련 고용자수(간접 고용 포함)도 50만 3,000여 명으로 전체의 2%에 불과하다. 뒤집어 생각하면 그만큼 성장의 여력이 크다고 할 수 있다.

① 상민 : 2016년 전 세계 국내총생산(GDP) 총합에서 관광산업이 차지한 직접 비중을 금액으로 따지면 2조 달러가 넘는다.

② 대현 : 2015년 전 세계 통신 산업의 종사자는 자동차 산업의 종사자의 약 3배 정도이다.

③ 동근 : 2017년 전 세계 근로자 수는 20억 명을 넘지 못한다.

④ 수진 : 한국의 관광산업 수준이 간접 고용을 포함하는 고용 수준에서 현재의 세계 평균 수준 비율과 비슷해지려면 3백억 달러 이상을 관광 산업에 투자해야 한다.

⑤ 영수 : 2020년에는 동북아시아를 찾는 관광객의 수가 연간 약 2억 8,000명을 넘을 것이다.

3. 다음은 한국전력공사가 거래처인 ○○발전과 맺은 태양열 발전 장려금 지급 약정서에 기재된 약정 세부사항이다. 빈칸 (가)~(라)에 들어갈 말을 순서대로 알맞게 나열한 것은 다음 보기 중 어느 것인가?

〈태양열 발전 장려금 지급 약정서〉

한국전력공사(이하 "갑"이라 한다)와 ○○발전(이하 "을"이라 한다)은 다음과 같이 「태양열 발전 장려금 지급 약정(이하 "본 약정"이라 한다)」을 체결한다.

제1조(목적)

본 약정은 태양열 발전 수요확대를 위하여 태양열 전기의 수요관리 실적에 따른 태양열 발전 장려금을 "갑"이 "을"에게 지급하는 데에 필요한 사항을 약정함을 목적으로 한다.

제2조(약정기간)

본 약정의 유효기간은 체결일로부터 1년간으로 하며, 계약만료일 1개월 전까지 양당사자의 서면합의로 약정기간을 연장할 수 있다. 다만, "갑"은 관련 법규 등의 개·폐에 따라 불가피한 사유가 발생할 경우 약정기간을 변경할 수 있다.

제3조(장려금 지급 기준)

"갑"이 "을"에게 지급하는 장려금 기준은 "갑"이 시행하는 수요관리 장려금 지급지침에 따른다.

제4조(장려금 지급절차 및 의무)

① "(가)"은 장려금 신청자가 태양열 발전 장려금을 신청한 경우에 관계 증빙서류를 확인한 후 지급하며, 장려금 신청자의 사용물량을 확인하여야 한다.

② "을"은 "갑"으로부터 태양열 발전 장려금을 수령 후 지체 없이 신청자에 지급하여야 하며 제세공과금 등에 대하여 관련 법령을 준수하여야 한다.

③ "갑"과 "을"은 상호 신의와 성실로 본 약정을 성실히 수행하고, "을"이 태양열 발전 장려금을 본 약정에 정하지 아니한 용도로 사용할 때에는 회수 조치할 수 있다.

제5조(장려금 홍보)

"갑"과 "을"은 태양열 발전 장려금 제도에 대하여 불특정 다수인을 상대로 안내 및 홍보하여야 한다.

제6조(관계자료 제출 등)

"(나)"은 "(다)"이 요청 시 지급한 장려금의 연간 사용실적을 제출하여야 하며, "(라)"이 신청자 등에 대하여 현장 확인 및 관련 서류의 열람 요청 시 성실히 응하여야 한다.

제7조(행정사항 등)

본 약정의 해석상 이의가 있을 경우에는 "갑"과 "을"이 협의하여 결정하되, 합의가 이루어지지 아니한 경우에는 "갑"의 의견에 따른다.

① 을 - 을 - 갑 - 갑
② 갑 - 갑 - 을 - 을
③ 을 - 갑 - 갑 - 을
④ 갑 - 을 - 갑 - 을
⑤ 을 - 갑 - 을 - 갑

4. 한국전력공사 상임감사위원인 甲은 내부고발을 통해 다섯 건의 부정행위를 알게 되었다. 회사내규가 다음과 같을 때 A~E의 행위가 '뇌물에 관한 죄'에 해당하지 않는 것은?

〈내규〉

제○○조

① 뇌물에 관한 죄는 임직원 또는 중재인이 그 직무에 관하여 뇌물을 수수(收受)·요구 또는 약속하는 수뢰죄와 임직원 또는 중재인에게 뇌물을 약속·공여(자진하여 제공하는 것)하거나 공여의 의사표시를 하는 증뢰죄를 포함한다. 뇌물에 관한 죄가 성립하기 위해서는 직무에 관하여 뇌물을 수수·요구 또는 약속한다는 사실에 대한 고의(故意)가 있어야 한다. 즉 직무의 대가에 대한 인식이 있어야 한다. 또한 뇌물로 인정되기 위해서는 그것이 직무에 관한 것이어야 하며, 뇌물은 불법한 보수이어야 한다. 여기서 '직무'란 임직원 또는 중재인의 권한에 속하는 직무행위 그 자체뿐만 아니라 직무와 밀접한 관계가 있는 행위도 포함하는 개념이다. 그리고 '불법한 보수'란 정당하지 않은 보수이므로, 법령이나 사회윤리적 관점에서 인정될 수 있는 정당한 대가는 뇌물이 될 수 없다. 그 밖에 '수수'란 뇌물을 취득하는 것을 의미하며, 수수라고 하기 위해서는 자기나 제3자의 소유로 할 목적으로 남의 재물을 취득할 의사가 있어야 한다. 한편 보수는 직무행위와 대가관계에 있는 것임을 요하고, 그 종류, 성질, 액수나 유형, 무형을 불문한다.

② 중재인이란 법령에 의하여 중재의 직무를 담당하는 자를 말한다. 예컨대 노동조합 및 노동관계조정법에 의한 중재위원, 중재법에 의한 중재인 등이 이에 해당한다.

① A는 사장님 비서실에 재직하면서 ○○은행장인 Z로부터 ○○은행으로 주거래 은행을 바꾸도록 사장님께 건의해 달라는 취지의 부탁을 받고 금전을 받았다.

② B는 각종 인·허가로 잘 알게 된 담당공무원 Y에게 건축허가를 해달라고 부탁하면서 술을 접대하였을 뿐만 아니라 Y가 윤락여성과 성관계를 맺을 수 있도록 하였다.

③ 홍보부 가짜뉴스 대응팀 직원인 C는 ○○회사가 외국인 산업연수생에 대한 관리업체로 선정되도록 중소기업협동조합중앙회 회장 J에게 잘 이야기해 달라는 부탁을 받고 K로부터 향응을 제공받았다.

④ D는 자신이 담당하는 공사도급 관련 입찰 정보를 넘겨주는 조건으로 공사도급을 받으려는 건설업자 X로부터 금품을 받아 이를 개인적인 용도로 사용하였다.

⑤ 해외파견팀장으로서 해외파견자 선발 업무를 취급하던 E가 V로부터 자신을 선발해 달라는 부탁과 함께 사례조로 받은 자기앞수표를 자신의 은행계좌에 예치시켰다가 그 뒤 후환을 염려하여 V에게 반환하였다.

5. 다음 중 밑줄 친 단어와 같은 의미로 사용된 문장은?

> 종묘(宗廟)는 조선시대 역대 왕과 왕비, 그리고 추존(追尊)된 왕과 왕비의 신주(神主)를 봉안하고 제사를 <u>지내는</u> 왕실의 사당이다. 신주는 사람이 죽은 후 하늘로 돌아간 신혼(神魂)이 의지하는 것으로, 왕과 왕비의 사후에도 그 신혼이 의지할 수 있도록 신주를 제작하여 종묘에 봉안했다. 조선 왕실의 신주는 우주(虞主)와 연주(練主) 두 종류가 있는데, 이 두 신주는 모양은 같지만 쓰는 방식이 달랐다. 먼저 우주는 묘호(廟號), 상시(上諡), 대왕(大王)의 순서로 붙여서 썼다. 여기에서 묘호와 상시는 임금이 승하한 후에 신위(神位)를 종묘에 봉안할 때 올리는 것으로서, 묘호는 '태종', '세종', '문종' 등과 같은 추존 칭호이고 상시는 8글자의 시호로 조선의 신하들이 정해 올렸다.
>
> 한편 연주는 유명증시(有明贈諡), 사시(賜諡), 묘호, 상시, 대왕의 순서로 붙여서 썼다. 사시란 중국이 조선의 승하한 국왕에게 내려준 시호였고, 유명증시는 '명나라 왕실이 시호를 내린다'는 의미로 사시 앞에 붙여 썼던 것이었다. 하지만 중국 왕조가 명나라에서 청나라로 바뀐 이후에는 연주의 표기 방식이 바뀌었는데, 종래의 표기 순서 중에서 유명증시와 사시를 빼고 표기하게 되었다. 유명증시를 뺀 것은 더 이상 시호를 내려줄 명나라가 존재하지 않았기 때문이었고, 사시를 뺀 것은 청나라가 시호를 보냈음에도 불구하고 조선이 청나라를 오랑캐의 나라로 치부하여 그것을 신주에 반영하지 않았기 때문이었다.

① 그는 산속에서 <u>지내면서</u> 혼자 공부를 하고 있다.
② 둘은 전에 없이 친하게 <u>지내고</u> 있었다.
③ 그는 이전에 시장을 <u>지내고</u> 지금은 시골에서 글을 쓰며 살고 있다.
④ 비가 하도 오지 않아 기우제를 <u>지내기로</u> 했다.
⑤ 아이들은 휴양지에서 여름 방학을 <u>지내기를</u> 소원하였다.

6. 다음은 N사의 단독주택용지 수의계약 공고문 중 일부이다. 공고문의 내용을 바르게 이해한 것은?

> **[○○ 블록형 단독주택용지(1필지) 수의계약 공고]**
>
> 1. 공급대상토지
>
> | 면적
(m²) | 세대수
(호) | 평균
규모
(m²) | 용적률
(%) | 공급가격
(천원) | 계약보증금
(원) | 사용
가능
시기 |
> |---|---|---|---|---|---|---|
> | 25,479 | 63 | 400 | 100%
이하 | 36,944,550 | 3,694,455,000 | 즉시 |
>
> 2. 공급일정 및 장소
>
> | 일정 | 2019년 1월 11일 오전 10시부터 선착순 수의계약
(토·일요일 및 공휴일, 업무시간 외는 제외) |
> |---|---|
> | 장소 | N사 ○○지역본부 1층 |
>
> 3. 신청자격
> 아래 두 조건을 모두 충족한 자
> – 실수요자 : 공고일 현재 주택법에 의한 주택건설사업자로 등록한 자
> – 3년 분할납부(무이자) 조건의 토지매입 신청자
> ※ 납부 조건 : 계약체결 시 계약금 10%, 중도금 및 잔금 90%(6개월 단위 6회 납부)
>
> 4. 계약체결 시 구비서류
> – 법인등기부등본 및 사업자등록증 사본 각 1부
> – 법인인감증명서 1부 및 법인인감도장(사용인감계 및 사용인감)
> – 대표자 신분증 사본 1부(위임 시 위임장 1부 및 대리인 신분증 제출)
> – 주택건설사업자등록증 1부
> – 계약금 납입영수증

① 계약이 체결되면 즉시 해당 토지에 단독주택을 건설할 수 있다.
② 계약체결 후 첫 번째 내야 할 중도금은 5,250,095,000원이다.
③ 규모 400m²의 단독주택용지를 일반 수요자에게 분양하는 공고이다.
④ 계약에 대한 보증금이 공급가격보다 더 높아 실수요자에게 부담을 줄 우려가 있다.
⑤ 토지에 대한 계약은 계약체결 시 구비서류를 갖춰 신청한 사람 중 최고가 입찰액을 작성한 사람에게 이루어진다.

7. 다음은 ○○문화회관 전시기획팀의 주간회의록이다. 자료에 대한 내용으로 옳은 것은?

주 간 회 의 록					
회의 일시	2018. 7. 2(월)	부서	전시기획팀	작성자	사원 甲
참석자	戊 팀장, 丁 대리, 丙 사원, 乙 사원				
회의 안건	1. 개인 주간 스케줄 및 업무 점검 2. 2018년 하반기 전시 일정 조정				

	내용	비고
회의 내용	1. 개인 주간 스케줄 및 업무 점검 • 戊 팀장 : 하반기 전시 참여 기관 미팅, 외부 전시장 섭외 • 丁 대리 : 하반기 전시 브로슈어 작업, 브로슈어 인쇄 업체 선정 • 丙 사원 : 홈페이지 전시 일정 업데이트 • 乙 사원 : 2018년 상반기 전시 만족도 조사 2. 2018년 하반기 전시 일정 조정 • 하반기 전시 기간 : 9~11월, 총 3개월 • 전시 참여 기관 : A~I 총 9팀 　－관내 전시장 6팀, 외부 전시장 3팀 • 전시 일정 : 관내 2팀, 외부 1팀으로 3회 진행	• 7월 7일 AM 10:00 외부 전시장 사전답사 (戊 팀장, 丁 대리) • 회의 종료 후, 전시 참여 기관에 일정 안내 (7월 4일까지 변경 요청 없을 시 그대로 확정)

장소 기간	관내 전시장	외부 전시장
9월	A, B	C
10월	D, E	F
11월	G, H	I

	내용	작업자	진행일정
결정 사항	브로슈어 표지 이미지 샘플조사	丙 사원	2018. 7. 2~7. 3
	상반기 전시 만족도 설문조사	乙 사원	2018. 7. 2~7. 5

특이 사항	다음 회의 일정 : 7월 9일 • 2018년 상반기 전시 만족도 확인 • 브로슈어 표지 결정, 내지 1차 시안 논의

① 이번 주 금요일 외부 전시장 사전 답사에는 戊 팀장과 丁 대리만 참석한다.

② 丙 사원은 이번 주에 홈페이지 전시 일정 업데이트만 하면 된다.

③ 7월 4일까지 전시 참여 기관에서 별도의 연락이 없었다면, H팀의 전시는 2018년 11월 관내 전시장에 볼 수 있다.

④ 2018년 하반기 전시는 ○○문화회관 관내 전시장에서만 열릴 예정이다.

⑤ 乙 사원은 이번 주 금요일까지 상반기 전시 만족도 설문조사를 진행할 예정이다.

8. 다음은 T전자회사가 기획하고 있는 '전자제품 브랜드 인지도에 관한 설문조사'를 위하여 작성한 설문지의 표지 글이다. 다음 표지 글을 참고할 때, 설문조사의 항목에 포함되기에 가장 적절하지 않은 것은?

[전자제품 브랜드 인지도에 관한 설문조사]

안녕하세요? T전자회사 홍보팀입니다.
저희 T전자에서는 고객들에게 보다 나은 제품을 제공하기 위하여 전자제품 브랜드 인지도에 대한 고객 분들의 의견을 청취하고자 합니다. 전자제품 브랜드에 대한 여러분의 의견을 수렴하여 더 좋은 제품과 서비스를 공급하고자 하는 것이 이 설문조사의 목적입니다. 바쁘시더라도 잠시 시간을 내어 본 설문조사에 응해주시면 감사하겠습니다. 응답해 주신 사항에 대한 철저한 비밀 보장을 약속드립니다. 감사합니다.

T전자회사 홍보팀 담당자 홍길동
전화번호 : 1588-0000

① 귀하는 T전자회사의 브랜드인 'Think-U'를 알고 계십니까?
　㉠ 예　　㉡ 아니오

② 귀하가 주로 이용하는 전자제품은 어느 회사 제품입니까?
　㉠ T전자회사　㉡ R전자회사　㉢ M전자회사　㉣ 기타(　)

③ 귀하에게 전자제품 브랜드 선택에 가장 큰 영향을 미치는 요인은 무엇입니까?
　㉠ 광고　　㉡ 지인 추천　㉢ 기존 사용 제품　㉣ 기타(　)

④ 귀하가 일상생활에 가장 필수적이라고 생각하시는 전자제품은 무엇입니까?
　㉠ TV　　㉡ 통신기기　㉢ 청소용품　㉣ 주방용품

⑤ 귀하는 전자제품의 품목별 브랜드를 달리 선택하는 편입니까?
　㉠ 예　　㉡ 아니오

┃ 9~10 ┃ (가)는 카드 뉴스, (나)는 신문 기사이다. 물음에 답하시오.

(가)

[카드뉴스]

노약자석?
NO
교통약자석!

버스나 지하철 '노약자석'의 정식 명칭은 '교통약자석'입니다.

여기서 '교통약자'란 고령자 뿐만 아니라 장애인, 임산부, 영유아 동반자 등을 말합니다.

교통약자석의 설치 근거는 '교통약자의 이동편의 증진법' 입니다.

그러나 이에 대한 인식부족으로 교통약자석이 제 기능을 못하고 있습니다.

교통약자에 대한 배려와 평등권 보장이라는 의의를 지닌 교통약자석에 대해 올바른 인식이 필요한 때입니다.

(나)

── 교통약자석, 본래의 기능 다하고 있나? ──
좌석에 대한 올바른 인식 필요

요즘 대중교통 교통약자석이 논란이 되고 있다. 실제로 서울 지하철 교통약자석 관련 민원이 2014년 117건에서 2016년 400건 이상으로 대폭 상승했다. 다음은 교통약자석과 관련된 인터뷰 내용이다.

"저는 출근 전 아이를 시댁에 맡길 때 지하철을 이용해요. 가끔 교통약자석에 앉곤 하는데, 그 자리가 어르신들을 위한 자리 같아 마음이 불편해요. 자리다툼이 있었다는 뉴스를 본 후 앉는 것이 더 망설여져요." (회사원 김○○ 씨 (여, 32세))

'교통약자의 이동편의 증진법'에 따라 설치된 교통약자석은 장애인, 고령자, 임산부, 영유아를 동반한 사람, 어린이 등 일상생활에서 이동에 불편을 느끼는 사람이라면 누구나 이용할 수 있다. 그러나 위 인터뷰에서처럼 시민들이 교통약자석에 대해 제대로 알지 못해 교통약자석이 본래의 기능을 다하고 있지 못하는 실정이다. 교통약자석이 제 기능을 다하기 위해서는 이에 대한 시민들의 올바른 인식이 필요하다.

– 2017. 10. 24. ○○신문, ㅁㅁㅁ기자

9. (가)에 대한 이해로 적절하지 않은 것은?

① 의문을 드러내고 그에 답하는 방식을 통해 교통약자석에 대한 잘못된 통념을 환기하고 있다.

② 교통약자석과 관련된 법을 제시하여 글의 정확성과 신뢰성을 높이고 있다.

③ 용어에 대한 설명을 통해 '교통약자'의 의미를 이해하도록 돕고 있다.

④ 교통약자석에 대한 인식 부족으로 인해 발생하는 문제점들을 원인에 따라 분류하고 있다.

⑤ 교통약자석의 설치 의의를 언급함으로써 글의 주제에 대해 공감할 수 있도록 유도하고 있다.

10. (가)와 (나)를 비교한 내용으로 적절한 것은?

① (가)와 (나)는 모두 다양한 통계 정보를 활용하여 주제를 뒷받침하고 있다.

② (가)는 (나)와 달리 글과 함께 그림들을 비중 있게 제시하여 의미 전달을 용이하게 하고 있다.

③ (가)는 (나)와 달리 제목을 표제와 부제의 방식으로 제시하여 뉴스에 담긴 의미를 강조하고 있다.

④ (나)는 (가)와 달리 비유적이고 함축적인 표현들을 주로 사용하여 주제 전달의 효과를 높이고 있다.

⑤ (나)는 (가)와 달리 표정이나 몸짓 같은 비언어적 요소를 활용하여 내용을 실감 나게 전달하고 있다.

11. 다음 A, B 두 국가 간의 시간차와 비행시간으로 옳은 것은?

〈A↔B 국가 간의 운항 시간표〉

구간	출발시각	도착시각
A → B	09 : 00	13 : 00
B → A	18 : 00	06 : 00(다음날)

- 출발 및 도착시간은 모두 현지시각이다.
- 비행시간은 A → B 구간, B → A 구간 동일하다.
- A가 B보다 1시간 빠르다는 것은 A가 오전 5시일 때, B가 오전 4시임을 의미한다.

	시차	비행시간
①	A가 B보다 4시간 느리다.	12시간
②	A가 B보다 4시간 빠르다.	8시간
③	A가 B보다 2시간 느리다.	10시간
④	A가 B보다 2시간 빠르다.	8시간
⑤	A가 B보다 4시간 느리다.	10시간

12. 다음은 가구당 순자산 보유액 구간별 가구 분포에 관련된 표이다. 이 표를 바탕으로 이해한 내용으로 가장 적절한 것은?

〈가구당 순자산 보유액 구간별 가구 분포〉

(단위 : %, %p)

순자산(억 원)	가구분포		
	2016년	2017년	전년차(비)
−1 미만	0.2	0.2	0.0
−1~0 미만	2.6	2.7	0.1
0~1 미만	31.9	31.2	−0.7
1~2 미만	19.1	18.5	−0.6
2~3 미만	13.8	13.5	−0.3
3~4 미만	9.5	9.4	−0.1
4~5 미만	6.3	6.8	0.5
5~6 미만	4.4	4.6	0.2
6~7 미만	3.0	3.2	0.2
7~8 미만	2.0	2.2	0.2
8~9 미만	1.5	1.5	0.0
9~10 미만	1.2	1.2	0.0
10 이상	4.5	5.0	0.5
평균(만 원)	29,918	31,142	4.1
중앙값(만 원)	17,740	18,525	4.4

① 순자산 보유액이 많은 가구보다 적은 가구의 2017년 비중이 전년보다 더 증가하였다.

② 순자산이 많은 가구의 소득은 2016년 대비 2017년에 더 감소하였다.

③ 소수의 사람들이 많은 순자산을 가지고 있다.

④ 2017년의 순자산 보유액이 3억 원 미만인 가구는 전체의 50%가 조금 안 된다.

⑤ 1억 원 미만의 순자산을 보유한 가구의 비중은 2017년에 전혀 줄지 않았다.

13. 다음은 동석이의 7월 보수 지급 명세서이다. 이에 대한 설명으로 옳지 않은 것은?

〈보수 지급 명세서〉

(단위 : 원)

실수령액 : ( )			
보수		공제	
보수항목	보수액	공제항목	공제액
봉급	( )	소득세	150,000
중요직무급	130,000	지방소득세	15,000
시간외수당	320,000	일반기여금	184,000
정액급식비	120,000	건강보험료	123,000
직급보조비	200,000	장기요양보험료	9,800
보수총액	( )	공제총액	( )

① 소득세는 지방소득세의 8배 이상이다.

② 소득세가 공제총액에서 차지하는 비율은 30% 이상이다.

③ 봉급이 193만 원 이라면 보수총액은 공제총액의 6배 이상이다.

④ 시간외수당은 정액급식비와 15만 원 이상 차이난다.

⑤ 공제총액에서 차지하는 비율이 가장 낮은 것은 장기요양보험료이다.

▌14~15▐ 다음은 전기 관련 사고에 대한 자료이다. 물음에 답하시오.

구분	2006	2011	2012	2013	2014	2015	2016
감전사고(건)	212	222	224	215	224	232	221
정전사고(건)	6,166	5,229	5,392	5,092	4,762	4,621	4,292
전기화재 (천 건)	336	341	345	329	337	350	332
인구 1만 명당 감전사고(건)	3.1	2.4	2.4	2.2	2.0	1.9	1.7
인구 10만 명당 감전사고 사망자수(명)	12.7	10.7	10.8	10.1	9.4	9.1	8.5
전기화재 피해자 중 사망자 구성비(%)	37.4	39.1	37.6	38.9	40.1	38.8	39.9

14. 다음 중 위의 자료를 올바르게 해석하지 못한 것은 어느 것인가?

① 2016년에는 10년 전보다 감전사고 건수와 전기화재 피해자 중 사망자 구성비가 더 증가하였다.

② 정전사고와 전기화재 건수의 합은 2012년 이후 지속적으로 감소하였다.

③ 2011~2016년까지의 평균 감전사고 건수보다 더 높은 건수를 기록한 해는 3개 연도이다.

④ 전기화재가 발생하면 10명 중 약 4명꼴로 사망하였다.

⑤ 2012년 이후 인구 1만 명당 감전사고 건수와 인구 10만 명당 감전사고 사망자 수는 지속 감소하였다.

15. 2006년의 총 인구 수가 1천만 명이었다고 가정할 경우, 2016년의 총 감전사고 건수가 2006년과 같아지게 될 때의 총 인구 수는 몇 명인가? (반올림하여 천의 자리까지 표시함)

① 17,508천 명   ② 17,934천 명

③ 18,011천 명   ④ 18,235천 명

⑤ 18,569천 명

16. 다음은 서원이가 매일하는 운동에 관한 기록지이다. 1회당 정문에서 후문을 왕복하여 달리는 운동을 할 때, 정문에서 후문까지의 거리 ㉠과 후문에서 정문으로 돌아오는데 걸린 시간 ㉡은? (단, 매회 달리는 속도는 일정하다고 가정한다.)

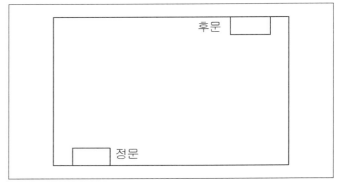

회차	속도		시간
1회	정문→후문	20m/초	5분
	후문→정문		
	⋮		⋮
5회			70분

※ 총 5회 반복

※ 마지막 바퀴는 10분을 쉬고 출발

	㉠	㉡
①	6,000m	7분
②	5,000m	8분
③	4,000m	9분
④	3,000m	10분
⑤	2,000m	11분

17. 다음은 H국의 연도별 청소기 매출에 관한 자료이다. 다음의 조건에 따를 때, 2002년과 2010년의 청소기 매출액의 차이는?

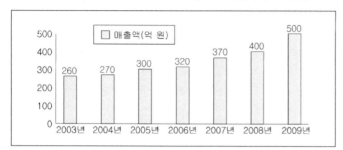

〈조건〉
㉠ 2006년 대비 2010년의 청소기 매출액 증가율은 62.5%
㉡ 2002년 대비 2004년의 청소기 매출액 감소율은 10%

① 190억 원 ② 200억 원
③ 210억 원 ④ 220억 원
⑤ 230억 원

18. 다음은 연도별 ICT산업 생산규모 관한 자료이다. 다음 상황을 참고하여 ㈎에 들어갈 값으로 적절한 것은?

(단위 : 천억 원)

구분		2005	2006	2007	2008
정보 통신 방송 서비스	통신 서비스	37.4	38.7	40.4	42.7
	방송 서비스	8.2	9.0	9.7	9.3
	융합 서비스	3.5	㈎	4.9	6.0
	소계	49.1	㈏	55.0	58.0
정보 통신 방송 기기	통신 기기	43.4	43.3	47.4	61.2
	정보 기기	14.5	㈐	㈑	9.8
	음향 기기	14.2	15.3	13.6	㈒
	소계	72.1	㈓	71.1	85.3
합계		121.2	㈔	126.1	143.3

〈상황〉
㉠ 2006년 융합서비스의 생산규모는 전년대비 1.2배가 증가하였다.
㉡ 2007년 정보기기의 생산규모는 전년대비 3천억 원이 감소하였다.

① 121.4 ② 122.8
③ 123.6 ④ 124.9
⑤ 125.2

19. 다음은 두 회사의 주가에 관한 자료이다. 다음 중 B사 주가의 최댓값과 주가지수의 최솟값은?

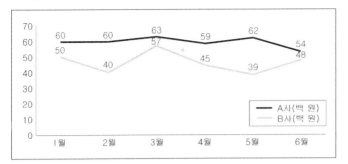

$$※\ 주가지수 = \frac{해당\ 월\ A사의\ 주가 + 해당\ 월\ B사의\ 주가}{1월\ A사의\ 주가 + 1월\ B사의\ 주가} \times 100$$

	B사 주가의 최댓값	주가지수의 최솟값
①	57	90.9
②	50	91.8
③	48	94.5
④	45	100.0
⑤	40	109.1

┃20~21┃ 다음은 A시의 **연도별·혼인종류별 건수**와 관련된 자료이다. 자료를 보고 이어지는 물음에 답하시오.

〈A시의 연도별·혼인종류별 건수〉

(단위 : 건)

구분		2007	2008	2009	2010	2011	2012	2013	2014	2015	2016
남자	초혼	279	270	253	274	278	274	272	257	253	㉠
	재혼	56	58	52	53	47	55	48	47	45	㉡
여자	초혼	275	266	248	269	270	272	267	255	249	231
	재혼	60	62	57	58	55	57	53	49	49	49

(단위 : 건)

구분	2007	2008	2009	2010	2011	2012	2013	2014	2015	2016
남(초) + 여(초)	260	250	235	255	260	255	255	241	( )	( )
남(재) + 여(초)	15	16	13	14	10	17	12	14	( )	( )
남(초) + 여(재)	19	20	18	19	18	19	17	16	( )	( )
남(재) + 여(재)	41	42	39	39	37	38	36	33	( )	( )

※ 초 : 초혼, 재 : 재혼

20. 아래 자료를 참고할 때, 위의 빈 칸 ㉠, ㉡에 들어갈 알맞은 수치는 얼마인가?

구분	2015년의 2007년 대비 증감 수	2014~2016년의 연평균 건수
남(초) + 여(초)	-22	233
남(재) + 여(초)	-4	12
남(초) + 여(재)	-4	16
남(재) + 여(재)	-7	33

① 237, 53   ② 240, 55

③ 237, 43   ④ 240, 43

⑤ 237, 55

21. 위의 상황을 근거로 한 다음 〈보기〉와 같은 판단 중 타당한 것으로 볼 수 있는 것을 모두 고르면?

〈보기〉

㈎ 자신은 초혼이지만 상대방은 재혼이라도 괜찮다고 생각한 것은 남성이 여성보다 매년 더 많다.

㈏ 이혼율이 증가하면 초혼 간의 혼인율이 감소한다.

㈐ 여성의 재혼 건수가 전년보다 증가한 해는 남성의 재혼 건수도 항상 전년보다 증가한다.

㈑ 2016년에는 10년 전보다 재혼이 증가하고 초혼이 감소하였다.

① ㈎, ㈑   ② ㈏, ㈐

③ ㈏, ㈑   ④ ㈎, ㈐

⑤ ㈐, ㈑

22. A기업 기획팀에서는 새로운 프로젝트를 추진하면서 업무추진력이 높은 직원은 프로젝트의 팀장으로 발탁하려고 한다. 성취행동 경향성이 높은 사람을 업무추진력이 높은 사람으로 규정할 때, 아래의 정의를 활용해서 〈보기〉의 직원들을 업무추진력이 높은 사람부터 순서대로 바르게 나열한 것은?

성취행동 경향성(TACH)의 강도는 성공추구 경향성(Ts)에서 실패회피 경향성(Tf)을 뺀 점수로 계산할 수 있다(TACH = Ts − Tf). 성공추구 경향성에는 성취동기(Ms)라는 잠재적 에너지의 수준이 영향을 준다. 왜냐하면 성취동기는 성과가 우수하다고 평가받고 싶어 하는 것으로 어떤 사람의 포부수준, 노력 및 끈기를 결정하기 때문이다. 어떤 업무에 대해서 사람들이 제각기 다양한 방식으로 행동하는 것은 성취동기가 다른 데도 원인이 있지만, 개인이 처한 환경요인이 서로 다르기 때문이기도 하다. 이 환경요인은 성공기대확률(Ps)과 성공결과의 가치(Ins)로 이루어진다. 즉 성공추구 경향성은 이 세 요소의 곱으로 결정된다(Ts = Ms × Ps × Ins).

한편 실패회피 경향성은 실패회피동기, 실패기대확률 그리고 실패결과의 가치의 곱으로 결정된다. 이때 성공기대확률과 실패기대확률의 합은 1이며, 성공결과의 가치와 실패결과의 가치의 합도 1이다.

〈보기〉
- A는 성취동기가 3이고, 실패회피동기가 1이다. 그는 국제환경협약에 대비한 공장건설환경규제안을 만들었는데, 이 규제안의 실현가능성을 0.7로 보며, 규제안이 실행될 때의 가치를 0.2로 보았다.
- B는 성취동기가 2이고, 실패회피동기가 1이다. 그는 도시고속화도로 건설안을 기획하였는데, 이 기획안의 실패가능성을 0.7로 보며, 도로건설사업이 실패하면 0.3의 가치를 갖는다고 보았다.
- C는 성취동기가 3이고, 실패회피동기가 2이다. 그는 △△지역의 도심재개발계획을 주도하였는데, 이 계획의 실현가능성을 0.4로 보며, 재개발사업이 실패하는 경우의 가치를 0.3으로 보았다.

① A, B, C
② B, A, C
③ B, C, A
④ C, A, B
⑤ C, B, A

23. 김대리는 모스크바 현지 영업소로 출장을 갈 계획이다. 4일 오후 2시(현지시각) 모스크바에서 회의가 예정되어 있어 모스크바 공항에 적어도 오전 11시 이전에는 도착하고자 한다. 인천에서 모스크바까지 8시간이 걸리며, 시차는 인천이 모스크바보다 6시간이 더 빠르다. 김대리는 인천에서 늦어도 몇 시(인천기준)에 출발하는 비행기를 예약하여야 하는가?

① 3일 09 : 00
② 3일 19 : 00
③ 4일 09 : 00
④ 4일 11 : 00
⑤ 5일 02 : 00

24. 다음 글을 읽고 이 글의 내용과 부합되는 것을 고르시오.

말갈은 고구려의 북쪽에 있으며 읍락마다 추장이 있으나 서로 하나로 통일되지는 못했다. 무릇 7종이 있으니 첫째는 속말부라 부르며 고구려에 접해 있고, 둘째는 백돌부로 속말의 북쪽에 있다. 셋째, 안차골부는 백돌의 동북쪽에 있고, 넷째, 불열부는 백돌의 동쪽에 있다. 다섯째는 호실부로 불열의 동쪽에 있고, 여섯째는 흑수부로 안차골의 서북쪽에 있으며, 일곱째는 백산부로 속말의 동쪽에 있다. 정병은 3천이 넘지 않고 흑수부가 가장 강하다.

① 벽돌부는 호실부의 서쪽에 있다.
② 흑수부는 백산부의 동쪽에 있다.
③ 백산부는 불열부의 북쪽에 있다.
④ 안차골부는 속말부의 서북쪽에 있다.
⑤ 안차골부는 고구려에 인접해 있다.

25. 다음 다섯 사람 중 오직 한 사람만이 거짓말을 하고 있다. 거짓말을 하고 있는 사람은 누구인가?

> - A : B는 거짓말을 하고 있지 않다.
> - B : C의 말이 참이면 D의 말도 참이다.
> - C : E는 거짓말을 하고 있다.
> - D : B의 말이 거짓이면 C의 말은 참이다.
> - E : A의 말이 참이면 D의 말은 거짓이다.

① A
② B
③ C
④ D
⑤ E

26. 다음 글의 내용이 참일 때 최종 선정되는 단체는 어디인가?

> 문화체육관광부는 우수 문화예술 단체 A, B, C, D, E 중 한 곳을 선정하여 지원하려 한다. 문화체육관광부의 금번 선정 방침은 다음 두 가지이다. 첫째, 어떤 형태로든 지원을 받고 있는 단체는 최종 후보가 될 수 없다. 둘째, 최종 선정 시 올림픽 관련 단체를 엔터테인먼트 사업(드라마, 영화, 게임) 단체보다 우선한다.
>
> A 단체는 자유무역협정을 체결한 필리핀에 드라마 콘텐츠를 수출하고 있지만 올림픽과 관련한 사업은 하지 않는다. B 단체는 올림픽의 개막식 행사를, C 단체는 올림픽의 폐막식 행사를 각각 주관하는 단체이다. E 단체는 오랫동안 한국 음식 문화를 세계에 보급해 온 단체이다. A와 C 단체 중 적어도 한 단체가 최종 후보가 되지 못한다면, 대신 B와 E 중 적어도 한 단체는 최종 후보가 된다. 반면 게임 개발로 각광을 받는 단체인 D가 최종 후보가 된다면, 한국과 자유무역협정을 체결한 국가와 교역을 하는 단체는 모두 최종 후보가 될 수 없다.
>
> 후보 단체들 중 가장 적은 부가가치를 창출한 단체는 최종 후보가 될 수 없고, 최종 선정은 최종 후보가 된 단체 중에서만 이루어진다.
>
> 문화체육관광부의 조사 결과, 올림픽의 개막식 행사를 주관하는 모든 단체는 이미 보건복지부로부터 지원을 받고 있다. 그리고 위 문화예술 단체 가운데 한국 음식문화 보급과 관련된 단체의 부가가치 창출이 가장 저조하였다.

① A
② B
③ C
④ D
⑤ E

27. 최근 수입차의 가격 할인 프로모션 등으로 인하여 국내 자동차 시장이 5년 만에 마이너스 성장한 것으로 나타남에 따라 乙자동차회사에 근무하는 A대리는 신차 개발에 앞서 자동차 시장에 대한 환경 분석과 관련된 보고서를 제출하라는 업무를 받았다. 다음은 A대리가 작성한 자동차 시장에 대한 SWOT분석이다. 기회 요인에 작성한 내용 중 잘못된 것은?

강점	약점
• 자동차그룹으로서의 시너지 효과 • 그룹 내 위상 · 역할 강화 • G 시리즈의 성공적인 개발 경험 • 하이브리드 자동차 기술 개발 성공	• 노조의 잦은 파업 • 과도한 신차 개발 • 신차의 짧은 수명 • 경쟁사의 공격적인 마케팅 대응 부족 • 핵심 부품의 절대적 수입 비중
기회	위협
① 노후 경유차 조기폐차 보조금 지원 ② 하이브리드 자동차에 대한 관심 증대 ③ 국제유가 하락세의 장기화 ④ 난공불락의 甲자동차회사 ⑤ 자동차 개별소비세 인하 기간 연장	• 대대적인 수입차 가격 할인 프로모션 • 취업난으로 인한 젊은 층의 소득 감소 • CEO의 부정적인 이미지 이슈화 • 미국의 한국산 자동차 관세 부과 시사

28. 한전에 다니는 甲은 학술지에 실린 국가별 신재생에너지 보급률 관련 자료가 훼손된 것을 발견하였다. ㉠~㉦까지가 명확하지 않은 상황에서 〈보기〉의 내용만을 가지고 그 내용을 추론한다고 할 때, 바르게 나열된 것은?

㉠	㉡	㉢	㉣	㉤	㉥	㉦	평균
68%	47%	46%	37%	28%	27%	25%	39.7%

> 〈보기〉
> ㉮ 스웨덴, 미국, 한국은 평균보다 높은 신재생에너지 보급률을 보인다.
> ㉯ 가장 높은 신재생에너지 보급률을 나타내는 국가의 절반에 못 미치는 신재생에너지 보급률을 보인 나라는 칠레, 멕시코, 독일이다.
> ㉰ 한국과 멕시코의 신재생에너지 보급률의 합은 스웨덴과 칠레의 신재생에너지 보급률의 합보다 20%p 많다.
> ㉱ 일본보다 신재생에너지 보급률이 높은 국가의 수와 낮은 국가의 수는 동일하다.

① 미국 – 한국 – 스웨덴 – 일본 – 멕시코 – 독일 – 칠레
② 스웨덴 – 미국 – 한국 – 일본 – 칠레 – 멕시코 – 독일
③ 한국 – 미국 – 스웨덴 – 일본 – 독일 – 칠레 – 멕시코
④ 한국 – 스웨덴 – 미국 – 일본 – 독일 – 멕시코 – 칠레
⑤ 미국 – 한국 – 스웨덴 – 일본 – 칠레 – 독일 – 멕시코

29. 다음 조건을 통해 추론을 할 때, 서로 대화가 가능한 사람끼리 짝지어진 것은?

- 갑, 을, 병, 정은 사용가능한 언어만으로 대화를 할 수 있다.
- 갑, 을, 병, 정은 모두 2개 국어를 사용한다.
- 갑은 영어와 한국어를 사용한다.
- 을은 한국어와 프랑스를 사용한다.
- 병은 독일어와 영어를 사용한다.
- 정은 프랑스어와 중국어를 사용한다.
- 무는 태국어와 한국어를 사용한다.

① 갑, 정 　　　　　　② 을, 병
③ 병, 무 　　　　　　④ 정, 병
⑤ 무, 갑

30. 다음은 1년간 판매율이 가장 높았던 제품 4종에 대한 소비자 평가 점수이다. 이 자료를 참고할 때, 제시된 네 명의 구매자에게 선택받지 못한 제품은?

〈제품에 대한 소비자 평가 점수〉

(단위 : 점)

제품명 / 평가기준	B	D	K	M
원료	10	8	5	8
가격	4	9	10	7
인지도	8	7	9	10
디자인	5	10	9	7

〈구매 기준〉
㉠ 제인 : 나는 제품을 고를 때, 가격과 원료를 꼼꼼히 확인하겠어.
㉡ 데이먼 : 고민 없이 소비자 평가 총점이 높은 제품을 구매하겠어.
㉢ 밀러 : 내 기준에서 제품의 인지도와 디자인이 중요하다고 봐.
㉣ 휴즈 : 화장품은 원료, 가격, 인지도 모두가 중요한 요소라고 생각해.

① B 　　　　　　② D
③ K 　　　　　　④ M
⑤ 없음

31. 아래 워크시트에서 부서명[E2:E4]을 번호[A2:A11] 순서대로 반복하여 발령부서[C2:C11]에 배정하고자 한다. 다음 중 [C2] 셀에 입력할 수식으로 옳은 것은?

▲	A	B	C	D	E
1	번호	이름	발령부서		부서명
2	1	황현아	기획팀		기획팀
3	2	김지민	재무팀		재무팀
4	3	정미주	총무팀		총무팀
5	4	오민아	기획팀		
6	5	김혜린	재무팀		
7	6	김윤중	총무팀		
8	7	박유미	기획팀		
9	8	김영주	재무팀		
10	9	한상미	총무팀		
11	10	서은정	기획팀		

① = INDEX($E$2:$E$4, MOD(A2, 3))
② = INDEX($E$2:$E$4, MOD(A2, 3) + 1)
③ = INDEX($E$2:$E$4, MOD(A2 − 1, 3) + 1)
④ = INDEX($E$2:$E$4, MOD(A2 − 1, 3))
⑤ = INDEX($E$2:$E$4, MOD(A2 − 1, 3) − 1)

32. 아래 워크시트에서 매출액[B3:B9]을 이용하여 매출 구간별 빈도수를 [F3:F6] 영역에 계산하고자 한다. 다음 중 이를 위한 배열 수식으로 옳은 것은?

▲	A	B	C	D	E	F
1						
2		매출액		매출구간		빈도수
3		75		0	50	1
4		93		51	100	2
5		130		101	200	3
6		32		201	300	1
7		123				
8		257				
9		169				

① { = PERCENTILE(B3:B9, E3:E6)}
② { = PERCENTILE(E3:E6, B3:B9)}
③ { = FREQUENCY(B3:B9, E3:E6)}
④ { = FREQUENCY(E3:E6, B3:B9)}
⑤ { = PERCENTILE(E3:E9, B3:B9)}

33. 다음 중 아래 워크시트의 [A1] 셀에 사용자 지정 표시 형식 '#,###,'을 적용했을 때 표시되는 값은?

	A	B
1	2451648.81	
2		

① 2,451   ② 2,452

③ 2   ④ 2.4

⑤ 2.5

34. 다음 중 아래 워크시트에서 수식 ' = SUM($B$2:C2)'이 입력된 [D2]셀을 [D4] 셀에 복사하여 붙여 넣었을 때의 결과 값은?

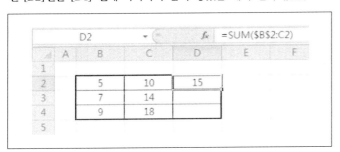

D2			f_x	=SUM($B$2:C2)	
	A	B	C	D	E	F
1						
2		5	10	15		
3		7	14			
4		9	18			
5						

① 15   ② 27

③ 42   ④ 63

⑤ 72

35. 다음 [조건]에 따라 작성한 [함수식]에 대한 설명으로 옳은 것을 〈보기〉에서 고른 것은?

[조건]

• 품목과 수량에 대한 위치는 행과 열로 표현한다.

행＼열	A	B
1	품목	수량
2	설탕	5
3	식초	6
4	소금	7

㉔  B2

[함수 정의]

• IF(조건식, ㉠, ㉡) : 조건식이 참이면 ㉠ 내용을 출력하고, 거짓이면 ㉡ 내용을 출력한다.
• MIN(B2, B3, B4) : B2, B3, B4 중 가장 작은 값을 반환한다.

[함수식]
= IF(MIN(B2, B3, B4) > 3, "이상 없음", "부족")

〈보기〉
㉠ 반복문이 사용되고 있다.
㉡ 조건문이 사용되고 있다.
㉢ 출력되는 결과는 '부족'이다.
㉣ 식초의 수량(B3) 6을 1로 수정할 때 출력되는 결과는 달라진다.

① ㉠, ㉡   ② ㉠, ㉢

③ ㉡, ㉢   ④ ㉡, ㉣

⑤ ㉢, ㉣

36. 다음 워크시트에서 수식 '=LARGE(B2:B7,2)'의 결과 값은?

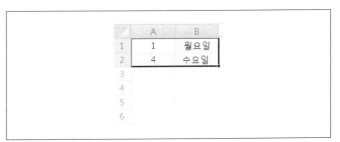

	A	B
1	회사	매출액
2	A	200
3	B	600
4	C	100
5	D	1,000
6	E	300
7	F	800

① 200   ② 300

③ 600   ④ 800

⑤ 900

37. 다음 워크시트에서 [A1:B2] 영역을 선택한 후 채우기 핸들을 사용하여 드래그 했을 때 [A6:B6]영역 값으로 바르게 짝지은 것은?

	A	B
1	1	월요일
2	4	수요일
3		
4		
5		
6		

	A6	B6
①	15	목요일
②	16	목요일
③	15	수요일
④	16	수요일
⑤	17	목요일

38. 다음 순서도에서 인쇄되는 S의 값은? (단, $[x]$는 x보다 크지 않은 최대의 정수이다)

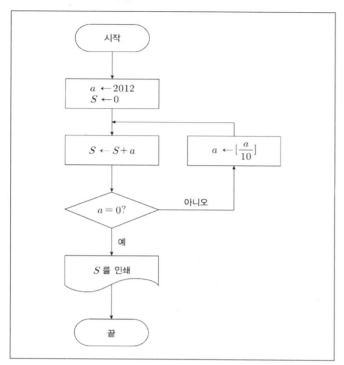

① 2230

② 2235

③ 2240

④ 2245

⑤ 2250

39. 왼쪽 워크시트의 성명 데이터를 오른쪽 워크시트처럼 성과 이름의 열로 분리하기 위해 어떤 기능을 사용하면 되는가?

	A	B
1	유하나	
2	김상철	
3	지상진	
4	공나리	
5	진백림	
6	박한선	
7	윤진상	
8		

	A	B
1	유	하나
2	김	상철
3	지	상진
4	공	나리
5	진	백림
6	박	한선
7	윤	진상
8		

① 텍스트 나누기

② 조건부 서식

③ 그룹 해제

④ 필터

⑤ 열 숨기기

40. 다음은 H사의 물품 재고 창고에 적재되어 있는 제품 보관 코드 체계이다. 2011년 10월에 생산된 '왈러스'의 여성용 블라우스로 10,215번째 입고된 제품의 코드로 알맞은 것은?

생산연월	공급처			제품 분류				입고량
	원산지 코드		제조사 코드	용품 코드		제품별 코드		
	1	중국	A All-8	01	캐주얼	001	청바지	
			B 2 Stars			002	셔츠	
			C Facai			003	원피스	
	2	베트남	D Nuyen	02	여성	004	바지	
			E N-sky			005	니트	
• 1209	3	멕시코	F Bratos			006	블라우스	00001
− 2012년			G Fama			007	점퍼	부터
9월			H 혁진사	03	남성	008	카디건	5자리
	4	한국	I K상사			009	모자	시리얼
• 1011			J 영스타			010	용품	넘버
− 2010년			K 왈러스	04	아웃 도어	011	신발	부여
11월	5	일본	L 토까이			012	래시가드	
			M 히스모	05	베이비	013	내복	
	6	호주	N 오즈본			014	바지	
			O Island	06	반려 동물	015	사료	
	7	독일	P Kunhe			016	간식	
			Q Boyer			017	장난감	

〈예시〉
2010년 12월에 중국 '2 Stars'에서 생산된 아웃도어 신발의 15번째 입고 제품 코드
→ 1012 − 1B − 04011 − 00015

① 1010 − 5K − 02006 − 00215

② 1110 − 5K − 02060 − 10215

③ 1110 − 5K − 02006 − 10215

④ 1110 − 5L − 02005 − 10215

⑤ 1111 − 5L − 02015 − 00215

41. CMMI(Capability Maturity Model Integration)의 성숙도 모델에서 표준화된 프로젝트 프로세스가 존재하나 프로젝트 목표 및 활동이 정량적으로 측정되지 못하는 단계는?

① 관리(managed) 단계

② 정의(defined) 단계

③ 초기(initial) 단계

④ 최적화(optimizing) 단계

⑤ 정량적 관리(Quantitatively Managed) 단계

42. 프림(Prim) 알고리즘을 이용하여 최소 비용 신장 트리를 구하고 자 한다. 다음 그림의 노드 0에서 출발할 경우 가장 마지막에 선택되는 간선으로 옳은 것은? (단, 간선 옆의 수는 간선의 비용을 나타낸다)

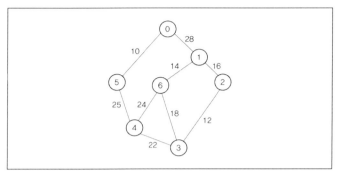

① (1, 2)　　　　② (1, 6)

③ (4, 5)　　　　④ (4, 6)

⑤ (5, 6)

43. 통신 연결 장치와 그 장치가 동작하는 OSI(Open Systems Interconnection) 계층이 바르게 짝지어진 것은?

| ㉠ 네트워크 계층(network layer) |
| ㉡ 데이터 링크 계층(data link layer) |
| ㉢ 물리 계층(physical layer) |

	라우터(router)	브리지(bridge)	리피터(repeater)
①	㉠	㉡	㉢
②	㉡	㉠	㉢
③	㉡	㉢	㉠
④	㉢	㉡	㉠
⑤	㉢	㉠	㉡

44. 다음 C 프로그램의 출력 값은?

```c
#include <stdio.h>
int main() {
    int a[] = {1, 2, 4, 8};
    int *p = a;

    p[1] = 3;
    a[1] = 4;
    p[2] = 5;

    printf("%d, %d\n", a[1]+p[1], a[2]+p[2]);

    return 0;
}
```

① 5, 9　　　　② 6, 9

③ 7, 9　　　　④ 8, 10

⑤ 9, 10

45. 대칭키 암호시스템과 공개키 암호시스템의 장점을 조합한 것 을 하이브리드 암호시스템이라고 부른다. 하이브리드 암호시스템을 사용하여 송신자가 수신자에게 '문서'를 보낼 때의 과정을 순서대로 나열하면 다음과 같다. 각 시점에 적용되는 암호시스템을 순서대로 나열하면?

| ㉠ '키'를 사용하여 '문서'를 암호화할 때 |
| ㉡ '문서'를 암·복호화하는 데 필요한 '키'를 암호화할 때 |
| ㉢ '키'를 사용하여 암호화된 '문서'를 복호화할 때 |

① ㉠ 공개키 암호시스템　㉡ 대칭키 암호시스템　㉢ 공개키 암호시스템

② ㉠ 공개키 암호시스템　㉡ 공개키 암호시스템　㉢ 대칭키 암호시스템

③ ㉠ 대칭키 암호시스템　㉡ 대칭키 암호시스템　㉢ 공개키 암호시스템

④ ㉠ 대칭키 암호시스템　㉡ 공개키 암호시스템　㉢ 대칭키 암호시스템

⑤ ㉠ 대칭키 암호시스템　㉡ 공개키 암호시스템　㉢ 공개키 암호시스템

46. 블록 암호는 평문을 일정한 단위(블록)로 나누어서 각 단위마다 암호화 과정을 수행하여 암호문을 얻는 방법이다. 블록암호 공격에 대한 설명으로 옳지 않은 것은?

① 선형 공격은 알고리즘 내부의 비선형 구조를 적당히 선형화시켜 키를 찾아내는 방법이다.

② 전수 공격은 암호화할 때 일어날 수 있는 모든 가능한 경우에 대해 조사하는 방법으로 경우의 수가 적을 때는 가장 정확한 방법이지만 일반적으로 경우의 수가 많은 경우에는 실현 불가능한 방법이다.

③ 차분 공격은 두 개의 평문 블록들의 비트 차이에 대응되는 암호문 블록들의 비트 차이를 이용하여 사용된 키를 찾아내는 방법이다.

④ 수학적 분석은 암호문에 대한 평문이 각 단어의 빈도에 관한 자료를 포함하는 지금까지 모든 통계적인 자료를 이용하여 해독하는 방법이다.

⑤ 전수 공격, 차분 공격, 선형 공격 순으로 개발·제안 되었다.

47. 다음 〈보기〉에서 설명하고 있는 무선네트워크의 보안 프로토콜은 무엇인가?

〈보기〉
AP와 통신해야 할 클라이언트에 암호화키를 기본으로 등록해 두고 있다. 그러나 암호화키를 이용해 128비트인 통신용 암호화키를 새로 생성하고, 이 암호화키를 10,000개 패킷마다 바꾼다. 기존보다 훨씬 더 강화된 암호화 세션을 제공한다.

① WEP(Wired Equivalent Privacy)

② TKIP(Temporal Key Integrity Protocol)

③ WPA-PSK(Wi-Fi Protected Access Pre Shared Key)

④ EAP(Extensible Authentication Protocol)

⑤ WPA(Wi-Fi Protected Setup)

48. 국내 정보보호관리체계(ISMS)의 관리 과정 5단계 중 위험 관리 단계의 통제항목에 해당하지 않는 것은?

① 위험 관리 방법 및 계획 수립

② 정보보호 대책 선정

③ 정보보호 대책의 효과적 구현

④ 위험 식별 및 평가

⑤ 정보보호 대책 이행 계획 수립

49. 다음 내용에 해당하는 암호블록 운용 모드를 바르게 나열한 것은?

㉠ 코드북(codebook)이라 하며, 가장 간단하게 평문을 동일한 크기의 평문블록으로 나누고 키로 암호화하여 암호블록을 생성한다.

㉡ 현재의 평문블록과 바로 직전의 암호블록을 XOR한 후 그 결과를 키로 암호화하여 암호블록을 생성한다.

㉢ 각 평문블록별로 증가하는 서로 다른 카운터 값을 키로 암호화하고 평문블록과 XOR하여 암호블록을 생성한다.

㉠	㉡	㉢
① CBC	ECB	OFB
② CBC	ECB	CTR
③ ECB	CBC	OFB
④ ECB	CBC	CTR
⑤ OFB	CTR	CBC

50. 신호가 수신될 때 신호를 구성하는 다양한 주파수 성분들이 서로 다른 전파속도를 가짐에 따라 수신신호 품질이 저하되는 현상은?

① 감쇠(attenuation)

② 지연왜곡(delay distortion)

③ 잡음(noise)

④ 혼선(crosstalk)

⑤ 에코(echo)

51. 최대 초당 2,400 [baud] 심볼률을 지원하는 시스템을 사용하여 5,000 [bps] 디지털 음성을 보내고자 한다. 이러한 시스템을 구축하기 위해 필요한 최소의 심볼 상태 수는?

① 2

② 4

③ 8

④ 16

⑤ 32

52. 무선 멀티미디어 통신을 위한 OFDM 전송방식에 대한 설명으로 옳지 않은 것은?

① 다중경로에 효율적인 전송방식이다.

② CP(Cyclic Prefix)의 삽입으로 대역폭 효율이 증가한다.

③ 단일주파수망이 가능하여 방송용에도 장점으로 작용한다.

④ 협대역 간섭이 일부 부반송파에만 영향을 주기 때문에 협대역 간섭에 강하다.

⑤ 단일 입력의 고속의 원천 데이터열을 다중의 방송파에 실어 전송한다는 측변에서 변조 기술이다.

53. 위성통신 시스템에 대한 설명으로 옳지 않은 것은?

① 저궤도 위성과 비교하였을 때, 정지궤도 위성은 지상 기지국에서 동일한 수신 전력을 얻기 위하여 보다 큰 송신 출력이 요구된다.

② 저궤도 위성 시스템의 경우, 지상 기지국에서 위성의 위치를 추적하는 기능이 요구된다.

③ 정지궤도 위성의 경우, 3개의 위성으로 지구 대부분의 영역을 커버할 수 있다.

④ 다원접속(Multiple access)이라 함은 하나의 기지국이 여러 대의 위성에 동시 접속하는 것이다.

⑤ 위성통신의 다원접속은 크게 PAMA와 DAMA로 분류된다.

54. 무선 도시지역 통신망 기술인 WMAN(Wireless Metropolitan Area Networks)의 기술을 규정한 국제 표준명은?

① IEEE 802.11

② IEEE 802.15

③ IEEE 802.16

④ IEEE 802.21

⑤ IEEE 802.23

55. 전파의 특성에 대한 설명으로 옳지 않은 것은?

① 가시경로가 없는 산 뒤쪽에서도 전파가 수신되는 것은 굴절(Refraction) 때문이다.

② 주파수가 높을수록 직진성이 강해진다.

③ 주파수가 낮을수록 회절(Diffraction)이 강해진다.

④ 전자파가 물체의 표면에 부딪쳐 에너지가 사방으로 분산되는 현상을 산란(Scattering)이라 한다.

⑤ 주파수 f는 전파의 속도 v를 파장 λ로 나눈 $f = v/\lambda\,(Hz)$ 관계에 있다.